TRANZLATY

Tá teanga ann do gach duine

Language is for everyone

Aladdin agus an Lampa Iontach

Aladdin and the Wonderful Lamp

Antoine Galland

Gaeilge / English

Copyright © 2025 Tranzlaty
All rights reserved
Published by Tranzlaty
ISBN: 978-1-83566-925-9
Original text by Antoine Galland
From *"Les mille et une nuits"*
First published in French in 1704
Taken from The Blue Fairy Book
Collected and translated by Andrew Lang
www.tranzlaty.com

Uair amháin bhí cónaí ar oiriúint bocht
Once upon a time there lived a poor tailor
bhí mac ag an táilliúr bocht seo darbh ainm Aladin
this poor tailor had a son called Aladdin
Buachaill míchúramach, díomhaoin a bhí in Aladin nach ndearna faic
Aladdin was a careless, idle boy who did nothing
cé gur thaitin sé leis an liathróid a imirt an lá ar fad
although, he did like to play ball all day long
seo a rinne sé ar na sráideanna le buachaillí beaga díomhaoin eile
this he did in the streets with other little idle boys
Chuir sé sin an oiread sin trua ar an athair go bhfuair sé bás
This so grieved the father that he died
a mháthair cried agus prayed, ach níor chabhraigh rud ar bith
his mother cried and prayed, but nothing helped
in ainneoin a phléadáil, níor cheartaigh Aladdin a bhealaí
despite her pleading, Aladdin did not mend his ways
Lá amháin, bhí Aladdin ag súgradh ar na sráideanna, mar is gnách
One day, Aladdin was playing in the streets, as usual
d'iarr strainséir air cén aois é
a stranger asked him his age
agus d'fhiafraigh sé de, "nach tusa mac Mustapha an táilliúra?"
and he asked him, "are you not the son of Mustapha the tailor?"
"Is mise mac Mustapha, a dhuine uasail," d'fhreagair Aladin
"I am the son of Mustapha, sir," replied Aladdin
"ach fuair sé bás i bhfad ó shin"
"but he died a long time ago"
ba dhraíodóir cáiliúil ón Afraic é an strainséir
the stranger was a famous African magician
agus chuaidh sé ar a mhuineal agus phóg sé é
and he fell on his neck and kissed him
"Is mise d'uncail," a dúirt an draoi

"I am your uncle," said the magician
"Bhí aithne agam ort ó do chosúlacht le mo dheartháir"
"I knew you from your likeness to my brother"
"Téigh go dtí do mháthair agus abair léi go bhfuil mé ag teacht"
"Go to your mother and tell her I am coming"
Rith Aladin abhaile agus d'inis sé dá mháthair dá uncail nua-aimsithe
Aladdin ran home and told his mother of his newly found uncle
"Go deimhin, a leanbh," ar sise, "bhí deartháir ag d'athair"
"Indeed, child," she said, "your father had a brother"
"ach shíl mé i gcónaí go raibh sé marbh"
"but I always thought he was dead"
Mar sin féin, d'ullmhaigh sí suipéar don chuairteoir
However, she prepared supper for the visitor
agus d'iarr sí Aladin a lorg a uncail
and she bade Aladdin to seek his uncle
Tháinig uncail Aladin ualaithe le fíon agus torthaí
Aladdin's uncle came laden with wine and fruit
Chuaidh sé síos agus phóg sé an áit a mbíodh Mustapha ina shuí
He fell down and kissed the place where Mustapha used to sit
agus d'iarr sé ar mháthair Aladin gan ionadh a chur air
and he bid Aladdin's mother not to be surprised
mhínigh sé go raibh sé as an tír le daichead bliain
he explained he had been out of the country for forty years
Thiontaigh sé ansin chuig Aladdin agus d'iarr sé air a thrádáil
He then turned to Aladdin and asked him his trade
ach chroch an buachaill a cheann le náire
but the boy hung his head in shame
agus phléasc a mháthair ina deora
and his mother burst into tears
mar sin thairg uncail Aladin bia a sholáthar
so Aladdin's uncle offered to provide food
An lá dár gcionn cheannaigh sé éadaí breá Aladin

The next day he bought Aladdin a fine set of clothes
agus rug sé ar fud na cathrach é
and he took him all over the city
thaispeáin sé radharcanna na cathrach dó
he showed him the sights of the city
ar thit na hoíche thug sé abhaile chuig a mháthair é
at nightfall he brought him home to his mother
bhí a mháthair thar a bheith sásta a mac a fheiceáil gléasta chomh maith sin
his mother was overjoyed to see her son so well dressed
An lá dár gcionn thug an draoi Aladdin isteach i roinnt gairdíní áille
The next day the magician led Aladdin into some beautiful gardens
bhí sé seo i bhfad taobh amuigh de gheataí na cathrach
this was a long way outside the city gates
Shuidh siad síos cois tobair
They sat down by a fountain
agus tharraing an draoi cáca as a chrios
and the magician pulled a cake from his girdle
roinn sé an cáca idir an bheirt acu
he divided the cake between the two of them
Ansin chuaigh siad ar aghaidh go dtí gur shroich siad beagnach na sléibhte
Then they journeyed onward till they almost reached the mountains
Bhí Aladdin chomh tuirseach sin gur iarr sé dul ar ais
Aladdin was so tired that he begged to go back
ach beguled an magician air le scéalta taitneamhach
but the magician beguiled him with pleasant stories
agus thug sé ar aghaidh é in ainneoin a leisce
and he led him on in spite of his laziness
Faoi dheireadh tháinig siad go dtí dhá shliabh
At last they came to two mountains
bhí an dá shliabh roinnte ar ghleann caol
the two mountains were divided by a narrow valley
"Ní rachaidh muid níos faide," a dúirt an uncail bréagach

"We will go no farther," said the false uncle
"Taispeánfaidh mé rud iontach duit"
"I will show you something wonderful"
"cruinnigh maidí, agus mé ag lasadh tine"
"gather up sticks, while I kindle a fire"
Nuair a las an tine chaith an draoi púdar air
When the fire was lit the magician threw a powder on it
agus dúirt sé roinnt focail draíochta
and he said some magical words
Chrith an talamh beagán agus d'oscail os a gcomhair
The earth trembled a little and opened in front of them
nocht cloch chearnógach réidh é féin
a square flat stone revealed itself
agus i lár na cloiche bhí fáinne práis
and in the middle of the stone was a brass ring
Rinne Aladin iarracht rith uaidh
Aladdin tried to run away
ach rug an draoi air
but the magician caught him
agus thug sé buille dó a leag síos é
and gave him a blow that knocked him down
"Cad atá déanta agam, uncail?" a dúirt sé, piteously
"What have I done, uncle?" he said, piteously
dúirt an draoi níos cineálta, "Ná bíodh eagla ort, ach géill dom"
the magician said more kindly, "Fear nothing, but obey me"
"Fios faoin chloch seo tá stór atá le bheith agat"
"Beneath this stone lies a treasure which is to be yours"
"agus ní fhéadfaidh éinne eile baint leis an stór seo"
"and no one else may touch this treasure"
"Ní mór duit a dhéanamh go díreach mar a deirim leat"
"so you must do exactly as I tell you"
Ag lua na stór rinne Aladdin dearmad ar a chuid eagla
At the mention of treasure Aladdin forgot his fears
rug sé ar an bhfáinne mar a dúradh leis
he grasped the ring as he was told
agus dubhairt sé ainmneacha a athar agus a sheanathar

and he said the names of his father and grandfather
Tháinig an chloch aníos go héasca
The stone came up quite easily
agus bhí an chuma ar roinnt céimeanna os a gcomhair
and some steps appeared in front of them
"Téigh síos," arsa an draoi
"Go down," said the magician
"Ag bun na gcéimeanna sin gheobhaidh tú doras oscailte"
"at the foot of those steps you will find an open door"
"treoraíonn an doras isteach trí hallaí móra"
"the door leads into three large halls"
"Tóg suas do gúna agus téigh tríd na hallaí"
"Tuck up your gown and go through the halls"
"Déan cinnte gan teagmháil a dhéanamh le rud ar bith"
"make sure not to touch anything"
"Má dhéanann tú teagmháil le rud ar bith, gheobhaidh tú bás láithreach"
"if you touch anything, you will instantly die"
"Téann na hallaí seo isteach i ghairdín crann torthaí mín"
"These halls lead into a garden of fine fruit trees"
"Siúl ar aghaidh go dtí go sroicheann tú bearna san ardán"
"Walk on until you reach a gap in the terrace"
"Feicfidh tú lampa soilsithe ann"
"there you will see a lighted lamp"
"Doirt amach ola an lampa"
"Pour out the oil of the lamp"
"agus ansin tabhair dom an lampa"
"and then bring me the lamp"
Tharraing sé fáinne óna mhéar agus thug d'Aladdin é
He drew a ring from his finger and gave it to Aladdin
agus d'iarr sé rath air
and he bid him to prosper
Fuair Aladin gach rud mar a dúirt an draoi
Aladdin found everything as the magician had said
bhailigh sé roinnt torthaí de na crainn
he gathered some fruit off the trees
agus, tar éis dó an lampa a fháil, tháinig sé go béal na

huaimhe
and, having got the lamp, he arrived at the mouth of the cave
Ghlaodh an draoi amach go mór faoi dheifir
The magician cried out in a great hurry
"Déan deifir agus tabhair dom an lampa"
"Make haste and give me the lamp"
Dhiúltaigh Aladdin é seo a dhéanamh go dtí go raibh sé as an uaimh
Aladdin refused to do this until he was out of the cave
D'eitil an magician isteach i buile uafásach
The magician flew into a terrible rage
chaith sé níos mó púdar ar an tine
he threw some more powder on to the fire
agus ansin chaith sé seal draíochta eile
and then he cast another magic spell
agus rolladh an chloch ar ais ina áit
and the stone rolled back into its place
D'fhág an draíocht Peirsis go deo
The magician left Persia for ever
léirigh sé seo go soiléir nach raibh sé aon uncail le Aladdin
this plainly showed that he was no uncle of Aladdin's
cad a bhí sé i ndáiríre magician cunning
what he really was was a cunning magician
draoi a léigh lampa draíochta
a magician who had read of a magic lamp
lampa draíochta a chuirfeadh ar an bhfear is cumhachtaí ar domhan é
a magic lamp which would make him the most powerful man in the world
ach bhí a fhios aige leis féin cá bhfaigheadh an lampa draíochta
but he alone knew where to find the magic lamp
agus ní fhéadfadh sé a fháil ach an lampa draíochta ó láimh duine eile
and he could only receive the magic lamp from the hand of another
Bhí phioc sé amach an Aladdin foolish chun na críche seo

He had picked out the foolish Aladdin for this purpose
bhí sé ar intinn aige an lampa draíochta a fháil agus é a mharú ina dhiaidh sin
he had intended to get the magical lamp and kill him afterwards
Ar feadh dhá lá d'fhan Aladdin sa dorchadas
For two days Aladdin remained in the dark
adeir sé agus caoineadh a staid
he cried and lamented his situation
Faoi dheireadh chrom sé a lámha i nguí
At last he clasped his hands in prayer
agus ag déanamh amhlaidh chuimil sé an fáinne
and in so doing he rubbed the ring
bhí dearmad déanta ag an draoi an fáinne a thabhairt ar ais uaidh
the magician had forgotten to take the ring back from him
Láithreach d'éirigh genie ollmhór agus frightful amach as an domhain
Immediately an enormous and frightful genie rose out of the earth
"Cad a dhéanfá mé?"
"What would thou have me do?"
"Is mise Sclábhaí an Fháinne"
"I am the Slave of the Ring"
"agus géillfidh mé dhuit i ngach ní"
"and I will obey thee in all things"
D'fhreagair Aladin gan eagla: "Saor as an áit seo mé!"
Aladdin fearlessly replied: "Deliver me from this place!"
agus d'oscail an talamh os a chionn
and the earth opened above him
agus fuair sé é féin lasmuigh
and he found himself outside
Chomh luath agus a d'fhéadfadh a shúile an solas a iompar chuaigh sé abhaile
As soon as his eyes could bear the light he went home
ach fainted sé nuair a fuair sé ann
but he fainted when he got there

Nuair a tháinig sé chuige féin d'inis sé dá mháthair cad a tharla
When he came to himself he told his mother what had happened
agus thaispeáin sé an lampa di
and he showed her the lamp
agus thaispeáin sé di na torthaí a bhailigh sé sa ghairdín
and he showed her the fruits he had gathered in the garden
ba iad na torthaí, i ndáiríre, clocha lómhara
the fruits were, in reality, precious stones
D'iarr sé bia ansin
He then asked for some food
"Mo thrua! leanbh," a dúirt sí
"Alas! child," she said
"Níl aon bhia agam sa teach"
"I have no food in the house"
"Ach tá beagán cadáis sníofa agam"
"but I have spun a little cotton"
"agus rachaidh mise agus díolfaidh mé an cadás"
"and I will go and sell the cotton"
D'iarr Aladin uirthi a cadás a choinneáil
Aladdin bade her keep her cotton
dúirt sé léi go ndíolfadh sé an lampa draíochta in ionad an chadáis
he told her he would sell the magic lamp instead of the cotton
Toisc go raibh sé an-salach thosaigh sí ag cuimilt an lampa draíochta
As it was very dirty she began to rub the magic lamp
d'fhéadfadh lampa draíochta glan praghas níos airde a fháil
a clean magic lamp might fetch a higher price
Láithreach tháinig genie hideous
Instantly a hideous genie appeared
d'fhiafraigh sé de cad ba mhaith léi a bheith
he asked what she would like to have
ag radharc an genie fainted sí
at the sight of the genie she fainted
ach Aladdin, sciob an lampa draíochta, dúirt go dána:

but Aladdin, snatching the magic lamp, said boldly:
"Faigh dom rud éigin le hithe!"
"Fetch me something to eat!"
D'fhill an genie le babhla airgid
The genie returned with a silver bowl
bhí dhá phláta déag airgid aige ina raibh feoil shaibhir
he had twelve silver plates containing rich meats
agus bhí dhá chupán airgid agus dhá bhuidéal fíona aige
and he had two silver cups and two bottles of wine
Nuair a tháinig sí chuici féin, dúirt máthair Aladin:
Aladdin's mother, when she came to herself, said:
"Cé as a dtagann an fhéile iontach seo?"
"Whence comes this splendid feast?"
"Ná fiafraigh cén áit ar tháinig an bia seo, ach ith, a mháthair," d'fhreagair Aladin
"Ask not where this food came from, but eat, mother," replied Aladdin
Mar sin shuigh siad ag bricfeasta go dtí am dinnéir
So they sat at breakfast till it was dinner-time
agus d'inis Aladin dá mháthair faoin lampa draíochta
and Aladdin told his mother about the magic lamp
D'impigh sí air an lampa draíochta a dhíol
She begged him to sell the magic lamp
"níl baint againn leis na diabhail"
"let us have nothing to do with devils"
ach shíl Aladdin go mbeadh sé níos críonna an lampa draíochta a úsáid
but Aladdin had thought it would be wiser to use the magic lamp
"Thug seans dúinn buanna an lampa draíochta"
"chance hath made us aware of the magic lamp's virtues"
"úsáidfimid an lampa draíochta, agus úsáidfimid an fáinne"
"we will use the magic lamp, and we will use the ring"
"Caithfidh mé an fáinne ar mo mhéar i gcónaí"
"I shall always wear the ring on my finger"
Nuair a d'ith siad go léir a bhí tugtha leo, dhíol Aladin ceann de na plátaí airgid

When they had eaten all the genie had brought, Aladdin sold one of the silver plates
agus nuair a bhí airgead de dhíth air arís dhíol sé an tarna pláta
and when he needed money again he sold the next plate
rinne sé é seo go dtí nach raibh aon plátaí fágtha
he did this until no plates were left
Ansin rinne sé mian eile ar an genie
He then made another wish to the genie
agus thug an genie sraith eile plátaí dó
and the genie gave him another set of plates
agus ar an mbealach seo mhair siad ar feadh blianta fada
and in this way they lived for many years
Lá amháin chuala Aladdin ordú ón Sultan
One day Aladdin heard an order from the Sultan
bhí ar gach duine fanacht sa bhaile agus a gcuid comhlaí a dhúnadh
everyone was to stay at home and close their shutters
bhí an Bhanphrionsa ag dul chuig agus ón bhfolcadán
the Princess was going to and from her bath
Gabhadh Aladdin le fonn a aghaidh a fheiceáil
Aladdin was seized by a desire to see her face
cé go raibh sé an-deacair a aghaidh a fheiceáil
although it was very difficult to see her face
óir i ngach áit a ndeachaigh sí chaith sí brat
because everywhere she went she wore a veil
Chuir sé é féin i bhfolach taobh thiar de dhoras an fholcadáin
He hid himself behind the door of the bath
agus peeped sé trí smig sa doras
and he peeped through a chink in the door
Thóg an Banphrionsa a brat agus í ag dul isteach sa dabhach
The Princess lifted her veil as she went in to the bath
agus d'fhéach sí chomh álainn sin gur thit Aladdin láithreach i ngrá léi
and she looked so beautiful that Aladdin instantly fell in love with her

Chuaigh sé abhaile chomh athraithe sin go raibh faitíos ar a mháthair
He went home so changed that his mother was frightened
Dúirt sé léi go raibh grá aige don Bhanphrionsa chomh domhain sin nach bhféadfadh sé maireachtáil gan í
He told her he loved the Princess so deeply that he could not live without her
agus bhí sé ag iarraidh í a iarraidh i bpósadh a hathar
and he wanted to ask her in marriage of her father
Nuair a chuala a mháthair é seo, phléasc sí amach ag gáire
His mother, on hearing this, burst out laughing
ach ar deireadh chuir Aladdin ina luí uirthi dul go dtí an Sultan
but Aladdin finally convinced her to go to the Sultan
agus bhí sí chun a iarratas a iompar
and she was going to carry his request
Fuair sí naipcín agus leag sí na torthaí draíochta ann
She fetched a napkin and laid in it the magic fruits
na torthaí draíochta ón ghairdín draíochtúil
the magic fruits from the enchanted garden
na torthaí sparkled agus Scairt cosúil leis na seoda is áille
the fruits sparkled and shone like the most beautiful jewels
Thug sí na torthaí draíochta léi chun an Sultan a shásamh
She took the magic fruits with her to please the Sultan
agus leag sí amach, muinín sa lampa
and she set out, trusting in the lamp
Bhí an Grand Vizier agus na tiarnaí comhairle díreach tar éis dul isteach sa phálás
The Grand Vizier and the lords of council had just gone into the palace
agus chuir sí í féin os comhair an tSultáin
and she placed herself in front of the Sultan
Níor thug sé aon aird uirthi, áfach
He, however, took no notice of her
Chuaigh sí gach lá ar feadh seachtaine
She went every day for a week
agus sheas sí san áit chéanna

and she stood in the same place
Nuair a bhris an chómhairle ar an séú lá dúirt an Sultán lena Vizier:
When the council broke up on the sixth day the Sultan said to his Vizier:
"Feicim bean áirithe sa seomra lucht féachana gach lá"
"I see a certain woman in the audience-chamber every day"
"tá sí i gcónaí ag iompar rud éigin i naipcín"
"she is always carrying something in a napkin"
"Cuir glaoch uirthi teacht chugainn, an chéad uair eile"
"Call her to come to us, next time"
"chun go bhfaighidh mé amach cad atá uaithi"
"so that I may find out what she wants"
An lá dár gcionn thug an Vizier comhartha di
Next day the Vizier gave her a sign
chuaigh sí suas go bun an ríchathaoir
she went up to the foot of the throne
agus d'fhan sí ar a glúine go dtí gur labhair an Sultán léi
and she remained kneeling till the Sultan spoke to her
"Éirigh, a bhean mhaith, inis dom cad ba mhaith leat"
"Rise, good woman, tell me what you want"
Bhí leisce uirthi, mar sin chuir an Sultán amach gach duine seachas an Vizier
She hesitated, so the Sultan sent away all but the Vizier
agus d'iarr sé uirthi labhairt go macánta
and he bade her to speak frankly
agus gheall sé go maith di aon rud a d'fhéadfadh sí a rá
and he promised to forgive her for anything she might say
D'inis sí dó ansin faoin ngrá mór a bhí ag a mac don Bhanphrionsa
She then told him of her son's great love for the Princess
"Ghuigh mé dó dearmad a dhéanamh di," a dúirt sí
"I prayed for him to forget her," she said
"ach bhí mo ghuí go neamhbhalbh"
"but my prayers were in vain"
"Bhagair sé gníomhas éadóchasach éigin a dhéanamh dá ndiúltódh mé imeacht"

"he threatened to do some desperate deed if I refused to go"
"agus mar sin iarraim ar do Shoilse lámh an Bhanphrionsa"
"and so I ask your Majesty for the hand of the Princess"
"Ach anois guím ort logh dom"
"but now I pray you to forgive me"
"Agus guím go logh tú mo mhac Aladin"
"and I pray that you forgive my son Aladdin"
D'fhiafraigh an Sultán di go cineálta cad a bhí sa naipcín
The Sultan asked her kindly what she had in the napkin
mar sin unfold sí an naipcín
so she unfolded the napkin
agus thug sí na seoda don Sultán
and she presented the jewels to the Sultan
Bhí áilleacht na seoda buailte leis
He was thunderstruck by the beauty of the jewels
agus chuaidh sé go dtí an Vizier agus d'fhiafruigh de, "Cad adeir tusa?"
and he turned to the Vizier and asked, "What sayest thou?"
"Nár chóir dom an Bhanphrionsa a bhronnadh ar dhuine a bhfuil luach aici ar a leithéid de phraghas?"
"Ought I not to bestow the Princess on one who values her at such a price?"
Theastaigh ón Vizier í dá mhac féin
The Vizier wanted her for his own son
mar sin d'iarr sé ar an Sultan í a choinneáil siar ar feadh trí mhí
so he begged the Sultan to withhold her for three months
b'fhéidir laistigh den am go ndéanfadh a mhac iarracht bronntanas níos saibhre a dhéanamh
perhaps within the time his son would contrive to make a richer present
Dheonaigh an Sultan mian a Vizier
The Sultan granted the wish of his Vizier
agus dúirt sé le máthair Aladin gur thoiligh sé leis an bpósadh
and he told Aladdin's mother that he consented to the marriage

ach ní raibh sí cead le feiceáil os a chomhair arís ar feadh trí mhí
but she was not allowed appear before him again for three months
D'fhan Aladdin go foighneach ar feadh beagnach trí mhí
Aladdin waited patiently for nearly three months
tar éis dhá mhí a bheith caite chuaigh a mháthair chun dul go dtí an margadh
after two months had elapsed his mother went to go to the market
bhí sí ag dul isteach sa chathair chun ola a cheannach
she was going into the city to buy oil
nuair a shroich sí an margadh fuair sí áthas ar gach éinne
when she got to the market she found every one rejoicing
mar sin d'iarr sí cad a bhí ar siúl
so she asked what was going on
"Nach bhfuil a fhios agat?" bhí an freagra
"Do you not know?" was the answer
"Tá mac an tSeabhaic Mhóir chun iníon an tSultáin a phósadh anocht"
"the son of the Grand Vizier is to marry the Sultan's daughter tonight"
Breathless, rith sí agus d'inis sí Aladdin
Breathless, she ran and told Aladdin
ar dtús bhí Aladdin faoi léigear
at first Aladdin was overwhelmed
ach ansin smaoinigh sé ar an lampa draíochta agus chuimil sé é
but then he thought of the magic lamp and rubbed it
arís eile an chuma ar an genie amach as an lampa
once again the genie appeared out of the lamp
"Cad é do thoil?" a d'fhiafraigh an genie
"What is thy will?" asked the genie
"Bhris an Sultan, mar is eol duit, a ghealladh dhom"
"The Sultan, as thou knowest, has broken his promise to me"
"Is é mac an Vizier an Banphrionsa a bheith aige"
"the Vizier's son is to have the Princess"

"Is é mo ordú go dtabharfaidh tú anocht an Bride agus an fear pósta"
"My command is that tonight you bring the bride and bridegroom"
"A Mháistir, géillim," adeir an fathach
"Master, I obey," said the genie
Chuaigh Aladin ansin chuig a sheomra
Aladdin then went to his chamber
cinnte go leor, ag meán oíche an genie iompar leaba
sure enough, at midnight the genie transported a bed
agus bhí mac an Vizier agus an Banphrionsa sa leaba
and the bed contained the Vizier's son and the Princess
"Tóg an fear nua-phósta seo, a genie," a dúirt sé
"Take this new-married man, genie," he said
"cuir amuigh sa bhfuacht é don oidhche"
"put him outside in the cold for the night"
"ar ais ansin an lánúin arís ag breacadh an lae"
"then return the couple again at daybreak"
Mar sin thóg an genie mac an Vizier as an leaba
So the genie took the Vizier's son out of bed
agus d'fhág sé Aladin leis an Banphrionsa
and he left Aladdin with the Princess
"Bíodh eagla ort," a dúirt Aladin léi, "is tusa mo bhean"
"Fear nothing," Aladdin said to her, "you are my wife"
"Gheall d'athair éagórach domsa tú"
"you were promised to me by your unjust father"
"agus ní thiocfaidh aon dochar duit"
"and no harm shall come to you"
Bhí an iomarca faitíos ar an mBanphrionsa labhairt
The Princess was too frightened to speak
agus rith sí an oíche is trua dá saol
and she passed the most miserable night of her life
cé gur leagan Aladdin síos in aice léi agus chodail soundly
although Aladdin lay down beside her and slept soundly
Ag an uair ceaptha tháinig an genie isteach sa bridegroom ar crith
At the appointed hour the genie fetched in the shivering

bridegroom
leag sé ina áit é
he laid him in his place
agus d'iompair sé an leaba ar ais go dtí an pálás
and he transported the bed back to the palace
Faoi láthair tháinig an Sultán chun dea-mhaidin a ghuí ar a iníon
Presently the Sultan came to wish his daughter good-morning
Léim mac Vizier míshásta suas agus chuir sé é féin i bhfolach
The unhappy Vizier's son jumped up and hid himself
agus ní déarfadh an Banphrionsa focal
and the Princess would not say a word
agus bhí sí an-bhrónach
and she was very sorrowful
Chuir an Sultán a máthair chuici
The Sultan sent her mother to her
"Cén fáth nach labhróidh tú le d'athair, a leanbh?"
"Why will you not speak to your father, child?"
"Cad a tharla?" d'iarr sí
"What has happened?" she asked
An Banphrionsa sighed go domhain
The Princess sighed deeply
agus faoi dheireadh d'inis sí dá máthair cad a tharla
and at last she told her mother what had happened
d'inis sí di mar a bhí an leaba tugtha isteach i dteach aisteach éigin
she told her how the bed had been carried into some strange house
agus d'inis sí cad a tharla sa teach
and she told of what had happened in the house
Níor chreid a máthair í dá laghad
Her mother did not believe her in the least
agus d'iarr sí uirthi a mheas gur aisling dhíomhaoin é
and she bade her to consider it an idle dream
An oíche dar gcionn tharla an rud céanna
The following night exactly the same thing happened

agus an mhaidin dár gcionn ní labhródh an bhanphrionsa ach oiread
and the next morning the princess wouldn't speak either
nuair a dhiúltaigh an banphrionsa labhairt, bhagair an Sultán go ngearrfaí amach a ceann
on the Princess's refusal to speak, the Sultan threatened to cut off her head
D'admhaigh sí ansin go léir a tharla
She then confessed all that had happened
agus d'iarr sí air ceist a chur ar mhac an Vizier
and she bid him to ask the Vizier's son
Dúirt an Sultán leis an Vizier iarraidh ar a mhac
The Sultan told the Vizier to ask his son
agus d'innis mac an Vizier an fhírinne
and the Vizier's son told the truth
dúirt sé go raibh grá mór aige don Bhanphrionsa
he added that he dearly loved the Princess
"ach b'fhearr liom bás a fháil ná dul trí oíche eile dá leithéid"
"but I would rather die than go through another such fearful night"
agus ba mhian leis a bheith scartha uaithi, rud a deonaíodh
and he wished to be separated from her, which was granted
agus ansin tháinig deireadh leis an bhféasta agus leis an lúcháir
and then there was an end to the feasting and rejoicing
ansin bhí na trí mhí thart
then the three months were over
Chuir Aladin a mháthair chun a gheallúint a mheabhrú don Sultan
Aladdin sent his mother to remind the Sultan of his promise
Sheas sí san áit chéanna is a bhíodh
She stood in the same place as before
bhí dearmad déanta ag an Sultan ar Aladin
the Sultan had forgotten Aladdin
ach ar ball chuimhnigh sé air arís
but at once he remembered him again
agus d'iarr sé uirthi teacht chuige

and he asked for her to come to him
Nuair a chonaic an Sultán a bochtanas ní raibh an claonadh céanna aige a bhriathar a choinneáil
On seeing her poverty the Sultan felt less inclined than ever to keep his word
agus d'iarr sé comhairle a Vizier
and he asked his Vizier's advice
chomhairligh sé dó luach ard a leagan ar an mBanphrionsa
he counselled him to set a high value on the Princess
praghas chomh hard sin nach bhféadfadh aon fhear beo teacht uirthi
a price so high that no man alive could come afford her
Thiontaigh an Sultan ansin chuig máthair Aladdin, ag rá:
The Sultan then turned to Aladdin's mother, saying:
"Bean mhaith, caithfidh Sultan cuimhneamh ar a chuid geallúintí"
"Good woman, a Sultan must remember his promises"
"agus beidh cuimhne agam ar mo ghealladh"
"and I will remember my promise"
"ach caithfidh do mhac daichead báisín óir a chur chugam ar dtús"
"but your son must first send me forty basins of gold"
"agus caithfidh na báisíní óir a bheith lán de sheod"
"and the gold basins must be full of jewels"
"agus caithfidh daichead camall dubh iad a iompar"
"and they must be carried by forty black camels"
"agus os comhair gach camaill dubh beidh camel bán"
"and in front of each black camel there is to be a white camel"
"agus na camaill go léir le cóiriú go hiontach"
"and all the camels are to be splendidly dressed"
"Abair leis go bhfanfaidh mé a fhreagra"
"Tell him that I await his answer"
Chrom máthair Aladin lúide
The mother of Aladdin bowed low
agus ansin chuaigh sí abhaile
and then she went home
cé gur shíl sí go raibh gach rud caillte

although she thought all was lost
Thug sí an teachtaireacht do Aladin
She gave Aladdin the message
agus dúirt sí, "Féadfaidh sé fanacht fada go leor chun do fhreagra!"
and she added, "He may wait long enough for your answer!"
"Ní fada agus is dóigh leat, a mháthair," d'fhreagair a mac
"Not so long as you think, mother," her son replied
"Dhéanfainn i bhfad níos mó ná sin don Bhanphrionsa"
"I would do a great deal more than that for the Princess"
agus do ghlaoidh sé an fathach arís
and he summoned the genie again
agus i gceann cúpla bomaite tháinig na hochtó camall
and in a few moments the eighty camels arrived
agus ghlac siad suas go léir spás sa teach beag agus gairdín
and they took up all space in the small house and garden
Rinne Aladin na camaill a leagadh amach don phálás
Aladdin made the camels set out to the palace
agus do lean a mháthair na camaill
and the camels were followed by his mother
Bhí na camaill an-saibhir gléasta
The camels were very richly dressed
agus bhí seod iontach ar chriosanna na gcamall
and splendid jewels were on the girdles of the camels
agus bhí gach duine plódaithe timpeall chun na camaill a fheiceáil
and everyone crowded around to see the camels
agus chonaic siad na báisíní óir na camaill á n-iompar ar a gcrom
and they saw the basins of gold the camels carried on their backs
Chuaigh siad isteach go dtí an Pálás an Sultan
They entered the palace of the Sultan
agus na camaill ar a ghlúine roimhe i leathchiorcal
and the camels kneeled before him in a semi circle
agus bhronn máthair Aladin na camaill don Sultán
and Aladdin's mother presented the camels to the Sultan

Ní raibh aon leisce air a thuilleadh, ach dúirt:
He hesitated no longer, but said:
"A bhean mhaith, fill ar do mhac"
"Good woman, return to your son"
"Abair leis go bhfanfaidh mé leis le lámha oscailte"
"tell him that I wait for him with open arms"
Níor chaill sí aon am ag insint Aladdin
She lost no time in telling Aladdin
agus d'iarr sí air deifir a dhéanamh
and she bid him to make haste
Ach d'iarr Aladdin ar an genie ar dtús
But Aladdin first called for the genie
"Ba mhaith liom folctha scented," a dúirt sé
"I want a scented bath," he said
"Agus ba mhaith liom capall níos áille ná an Sultan"
"and I want a horse more beautiful than the Sultan's"
"agus ba mhaith liom fiche seirbhíseach a bheith i láthair dom"
"and I want twenty servants to attend to me"
"agus teastaíonn uaim freisin seisear seirbhíseach atá cóirithe go hálainn chun fanacht ar mo mháthair"
"and I also want six beautifully dressed servants to wait on my mother"
"agus ar deireadh, ba mhaith liom deich míle píosa óir i ndeich sparáin"
"and lastly, I want ten thousand pieces of gold in ten purses"
Ní túisce a dúirt sé cad a bhí uaidh agus deineadh é
No sooner had he said what he wanted and it was done
Chuir Aladin suas a chapall álainn
Aladdin mounted his beautiful horse
agus chuaigh sé trí na sráideanna
and he passed through the streets
chaith na seirbhísigh óir ar an slua agus iad ag imeacht
the servants cast gold into the crowd as they went
Iad siúd a d'imir leis ina óige ní raibh aithne acu air
Those who had played with him in his childhood knew him not

d'fhás sé an-dathúil
he had grown very handsome
Nuair a chonaic an Sultán é tháinig sé anuas óna ríchathaoir
When the Sultan saw him he came down from his throne
ghlac sé a mhac céile nua le lámha oscailte
he embraced his new son-in-law with open arms
agus thug sé isteach i halla é áit ar scaipeadh féasta
and he led him into a hall where a feast was spread
bhí sé ar intinn aige é a phósadh leis an mBanphrionsa an lá sin
he intended to marry him to the Princess that very day
Ach dhiúltaigh Aladin pósadh láithreach
But Aladdin refused to marry straight away
"ar dtús caithfidh mé pálás a thógáil a oireann don bhanphrionsa"
"first I must build a palace fit for the princess"
agus ansin thóg sé a saoire
and then he took his leave
Nuair abhaile, dúirt sé leis an genie:
Once home, he said to the genie:
"Tóg dom pálás den mharmar is fearr"
"Build me a palace of the finest marble"
"Leag an Pálás le jasper, agate, agus clocha lómhara eile"
"set the palace with jasper, agate, and other precious stones"
"I lár an pháláis tógfaidh tú dom halla mór le cruinneachán"
"In the middle of the palace you shall build me a large hall with a dome"
"Beidh ceithre bhallaí an halla lán d'ór agus d'airgead"
"the four walls of the hall will be of masses of gold and silver"
"agus beidh sé fhuinneog ar gach balla"
"and each wall will have six windows"
"agus leagfar laitísí na bhfuinneog le seoda luachmhara"
"and the lattices of the windows will be set with precious jewels"
"ach caithfidh go bhfuil fuinneog amháin nach bhfuil maisithe"
"but there must be one window that is not decorated"

"téigh féach go ndéantar é!"
"go see that it gets done!"
Bhí an pálás críochnaithe an lá arna mhárach
The palace was finished by the next day
d'iompair an genie go dtí an pálás nua é
the genie carried him to the new palace
agus thaisbeáin sé dó mar a bhí a orduithe go léir curtha i gcrích go dílis
and he showed him how all his orders had been faithfully carried out
leagadh fiú cairpéad veilbhit ó phálás Aladin go dtí an Sultán
even a velvet carpet had been laid from Aladdin's palace to the Sultan's
Ghléas máthair Aladin í féin go cúramach ansin
Aladdin's mother then dressed herself carefully
agus shiúil sí go dtí an pálás lena seirbhísigh
and she walked to the palace with her servants
agus Aladin ina dhiaidh sin ar muin capaill
and Aladdin followed her on horseback
Chuir an Sultán ceoltóirí le trumpaí agus ciombóbail chun bualadh leo
The Sultan sent musicians with trumpets and cymbals to meet them
mar sin d'éirigh an t-aer le ceol agus le gártha
so the air resounded with music and cheers
Tógadh go dtí an Banphrionsa í, a bheannaigh í
She was taken to the Princess, who saluted her
agus chaith sí le mór-onóir í
and she treated her with great honour
San oíche dúirt an Banphrionsa slán lena hathair
At night the Princess said good-bye to her father
agus chuir sí amach ar an gcairpéad do phálás Aladin
and she set out on the carpet for Aladdin's palace
bhí a mháthair ar a thaobh
his mother was at her side
agus do leanadar a n-eachtra seirbhíseach iad

and they were followed by their entourage of servants
Bhí sí charmed ag an radharc na Aladdin
She was charmed at the sight of Aladdin
agus rith Aladin chun í a ghlacadh isteach sa phálás
and Aladdin ran to receive her into the palace
"A Bhanphrionsa," ar seisean, "cuir an milleán ar do áilleacht mar gheall ar mo dhána"
"Princess," he said, "blame your beauty for my boldness"
"Tá súil agam nach bhfuil mé míshásta leat"
"I hope I have not displeased you"
dúirt sí gur ghéill sí dá hathair go toilteanach san ábhar seo
she said she willingly obeyed her father in this matter
mar go bhfaca sí go bhfuil sé dathúil
because she had seen that he is handsome
Tar éis na bainise a bheith ar siúl thug Aladin isteach sa halla í
After the wedding had taken place Aladdin led her into the hall
bhí féasta mór scaipthe amach sa halla
a great feast was spread out in the hall
agus suip sí leis
and she supped with him
tar éis ithe rinne siad rince go meán oíche
after eating they danced till midnight
An lá dár gcionn thug Aladin cuireadh don Sultán an pálás a fheiceáil
The next day Aladdin invited the Sultan to see the palace
chuaigh siad isteach sa halla leis na ceithre fhuinneog is fiche
they entered the hall with the four-and-twenty windows
bhí na fuinneoga maisithe le rubies, diamonds, agus emeralds
the windows were decorated with rubies, diamonds, and emeralds
adeir sé, "Is é an Pálás ar cheann de na wonders an domhain!"
he cried, "The palace is one of the wonders of the world!"

"Níl ach rud amháin a chuireann iontas orm"
"There is only one thing that surprises me"
"Ar tharla sé de thimpiste gur fágadh fuinneog amháin gan críochnú?"
"Was it by accident that one window was left unfinished?"
"Níl, a dhuine uasail, rinneadh amhlaidh de réir dearaidh," d'fhreagair Aladdin
"No, sir, it was done so by design," replied Aladdin
"Ba mhian liom go mbeadh an ghlóir ag do Mhórgacht an pálás seo a chríochnú"
"I wished your Majesty to have the glory of finishing this palace"
Bhí áthas ar an Sultan an onóir seo a thabhairt dó
The Sultan was pleased to be given this honour
agus chuir sé fios ar na seodóirí is fearr sa chathair
and he sent for the best jewellers in the city
Thaispeáin sé an fhuinneog neamhchríochnaithe dóibh
He showed them the unfinished window
agus d'iarr sé orthu an fhuinneog a mhaisiú ar nós na cinn eile
and he bade them to decorate the window like the others
"A dhuine uasail," d'fhreagair a n-urlabhraí
"Sir," replied their spokesman
"ní féidir linn go leor seoda a fháil"
"we cannot find enough jewels"
mar sin bhí a sheodanna féin faighte ag an Sultán
so the Sultan had his own jewels fetched
ach ba ghearr gur úsáideadh na seoda sin freisin
but those jewels were soon used up too
fiú tar éis míosa ní raibh an obair leath déanta
even after a month's time the work was not half done
Bhí a fhios ag Aladdin go raibh a dtasc dodhéanta
Aladdin knew that their task was impossible
d'iarr sé orthu a gcuid oibre a chealú
he bade them to undo their work
agus d'iarr sé orthu na seoda a iompar ar ais
and he bade them to carry the jewels back

chríochnaigh an genie an fhuinneog ar a ordú
the genie finished the window at his command
Bhí ionadh ar an Sultán a sheod a fháil arís
The Sultan was surprised to receive his jewels again
thug sé cuairt ar Aladdin, a thaispeáin dó an fhuinneog críochnaithe
he visited Aladdin, who showed him the finished window
agus do ghabh an Sultán a mhac céile ina dhlí
and the Sultan embraced his son in law
Idir an dá linn, bhí amhras ar an Vizier éad faoi obair na draíocht
meanwhile, the envious Vizier suspected the work of enchantment
Bhí croíthe na ndaoine buaite ag Aladdin mar gheall ar a mhodh mín
Aladdin had won the hearts of the people by his gentle manner
Rinneadh captaen ar airm an tSultáin de
He was made captain of the Sultan's armies
agus fuair sé iomad cathanna dá arm
and he won several battles for his army
ach d'fhan sé chomh measartha agus chomh cúirtéiseach is a bhí roimhe
but he remained as modest and courteous as before
ar an mbealach seo mhair sé i síocháin agus ábhar ar feadh roinnt blianta
in this way he lived in peace and content for several years
Ach i bhfad ar shiúl san Afraic chuimhnigh an magician ar Aladin
But far away in Africa the magician remembered Aladdin
agus de bharr a chuid ealaíona draíochta fuair sé amach nach raibh Aladin básaithe san uaimh
and by his magic arts he discovered Aladdin hadn't perished in the cave
ach in ionad bás a fháil, d'éalaigh sé agus phós sé an banphrionsa
but instead of perishing, he had escaped and married the

princess
agus anois bhí sé ina chónaí i mór onóir agus saibhreas
and now he was living in great honour and wealth
Bhí a fhios aige nach bhféadfadh mac an táilliúra bocht é seo a dhéanamh ach tríd an lampa draíochta
He knew that the poor tailor's son could only have accomplished this by means of the magic lamp
agus shiubhail sé oidhche agus lá go dtí gur shroich sé an chathair
and he travelled night and day until he reached the city
bhí sé ag iarraidh a chinntiú go scriosta Aladdin
he was bent on making sure of Aladdin's ruin
Agus é ag dul tríd an mbaile chuala sé daoine ag caint
As he passed through the town he heard people talking
níorbh fhéidir leo labhairt faoi ach an pálás iontach
all they could talk about was the marvellous palace
"Lith mo aineolas," d'iarr sé
"Forgive my ignorance," he asked
"Cad é an Pálás seo a bhfuil tú ag labhairt?"
"what is this palace you speak of?"
"Nár chuala tú trácht ar phálás an Phrionsa Aladdin?" a bhí an freagra
"Have you not heard of Prince Aladdin's palace?" was the reply
"Is é an Pálás ceann de na iontais is mó ar domhan"
"the palace is one of the greatest wonders of the world"
"Treoirfidh mé chuig an bpálás thú, dá mba mhian leat é a fheiceáil"
"I will direct you to the palace, if you would like to see it"
Ghabh an draoi buíochas leis as é a thabhairt go dtí an pálás
The magician thanked him for bringing him to the palace
agus tar éis dó an pálás a fheiceáil, bhí a fhios aige gurbh é Genie an Lampa a thóg é
and having seen the palace, he knew that it had been built by the Genie of the Lamp
rinne sé seo leath mheabhair le rage
this made him half mad with rage

Bhí rún daingean aige greim a fháil ar an lampa draíochta
He was determined to get hold of the magic lamp
agus bhí sé ag dul a plunged Aladdin isteach sa bhochtaineacht is doimhne arís
and he was going to plunge Aladdin into the deepest poverty again
Ar an drochuair, chuaigh Aladin ar thuras fiaigh ar feadh ocht lá
Unluckily, Aladdin had gone on a hunting trip for eight days
thug sé seo neart ama don magician
this gave the magician plenty of time
Cheannaigh sé dosaen lampa copair
He bought a dozen copper lamps
agus chuir sé na lampaí copair i gciseán
and he put the copper lamps into a basket
agus ansin chuaigh sé go dtí an pálás
and then he went to the palace
"Lampaí nua do lampaí d'aois!" exclaimed sé
"New lamps for old lamps!" he exclaimed
agus bhí slua ag gáire ina dhiaidh
and he was followed by a jeering crowd
Bhí an Banphrionsa ina suí sa halla ceithre fhuinneog is fiche
The Princess was sitting in the hall of four-and-twenty windows
chuir sí seirbhíseach chun a fháil amach cad a bhí i gceist leis an torann
she sent a servant to find out what the noise was about
tháinig an seirbhíseach ar ais ag gáire chomh mór sin gur chuir an Bhanphrionsa scolded uirthi
the servant came back laughing so much that the Princess scolded her
"Madam," d'fhreagair an seirbhíseach
"Madam," replied the servant
"Cé is féidir cabhrú ach ag gáire nuair a fheiceann tú a leithéid?"
"who can help but laughing when you see such a thing?"

"tá sean-amadán ag tairiscint lampaí míne nua a mhalartú ar shean-lampaí"
"an old fool is offering to exchange fine new lamps for old lamps"
Labhair seirbhíseach eile, ag éisteacht seo, suas
Another servant, hearing this, spoke up
"Tá sean-lampa ar an gcoirnis is féidir leis a bheith"
"There is an old lamp on the cornice which he can have"
ba é seo, ar ndóigh, an lampa draíochta
this, of course, was the magic lamp
D'fhág Aladin an lampa draíochta ansin, mar ní raibh sé in ann é a thabhairt leis
Aladdin had left the magic lamp there, as he could not take it with him
Ní raibh a fhios ag an mBanphrionsa luach an lampa
The Princess didn't know know the lamp's value
ag gáire, d'iarr sí ar an seirbhíseach an lampa draíochta a mhalartú
laughingly, she bade the servant to exchange the magic lamp
thóg an seirbhíseach an lampa chuig an draoi
the servant took the lamp to the magician
"Tabhair dom lampa nua don lampa seo," a dúirt sí
"Give me a new lamp for this lamp," she said
sciob sé an lampa agus d'iarr sé ar an seirbhíseach lampa eile a phiocadh
He snatched the lamp and bade the servant to pick another lamp
agus an slua ar fad ag gáire leis an radharc
and the entire crowd jeered at the sight
ach is beag an cúram a bhí ag an draíodóir don slua
but the magician cared little for the crowd
d'fhág sé an slua leis an lampa draíochta a bhí leagtha amach aige a fháil
he left the crowd with the magic lamp he had set out to get
agus chuaigh sé amach as geataí na cathrach go dtí áit uaigneach
and he went out of the city gates to a lonely place

ann sin d'fhan sé go dtí an oidhche
there he remained till nightfall
agus ag titim na hoíche tharraing sé amach an lampa draíochta agus chuimil sé é
and at nightfall he pulled out the magic lamp and rubbed it
Tháinig an genie an chuma ar an magician
The genie appeared to the magician
agus rinne an draoi a ordú don fhlaith
and the magician made his command to the genie
"Iompaigh mé, a Bhanphrionsa, agus an Pálás go dtí áit uaigneach san Afraic"
"carry me, the princess, and the palace to a lonely place in Africa"
An mhaidin dár gcionn d'fhéach an Sultán amach an fhuinneog i dtreo phálás Aladin
Next morning the Sultan looked out of the window toward Aladdin's palace
agus chuimil sé a shúile nuair a chonaic sé go raibh an pálás imithe
and he rubbed his eyes when he saw the palace was gone
Chuir sé fios ar an Vizier agus d'fhiafraigh sé cad a tharla don phálás
He sent for the Vizier and asked what had become of the palace
D'fhéach an Vizier amach freisin, agus cailleadh le hiontas é
The Vizier looked out too, and was lost in astonishment
Chuir sé na himeachtaí síos arís go dtí enchantment
He again put the events down to enchantment
agus an uair seo chreid an Sultan é
and this time the Sultan believed him
chuir sé tríocha fear ar muin capaill chun Aladdin a fháil i slabhraí
he sent thirty men on horseback to fetch Aladdin in chains
Bhuail siad leis ag marcaíocht abhaile
They met him riding home
cheangail siad é agus chuir siad iallach air dul leo ar scór
they bound him and forced him to go with them on foot

Na daoine, áfach, a raibh grá aige dó, lean siad iad go dtí an Pálás
The people, however, who loved him, followed them to the palace
dhéanfaidís cinnte de nach ndéanfaí dochar ar bith dó
they would make sure that he came to no harm
Iompraíodh é roimh an Sultán
He was carried before the Sultan
agus d'ordaigh an Sultán don fhealltóir a cheann a ghearradh de
and the Sultan ordered the executioner to cut off his head
Chuir an executioner Aladin ar a ghlúine os comhair bloc adhmaid
The executioner made Aladdin kneel down before a block of wood
bandaged sé a shúile ionas nach bhféadfadh sé a fheiceáil
he bandaged his eyes so that he could not see
agus d'ardaigh sé a scimitar chun stailc
and he raised his scimitar to strike
Ag an nóiméad sin chonaic an Vizier go raibh an slua iallach a chur ar a mbealach isteach sa chlós
At that instant the Vizier saw the crowd had forced their way into the courtyard
bhí siad ag scálú na mballaí chun Aladdin a tharrtháil
they were scaling the walls to rescue Aladdin
mar sin d'iarr sé ar an seiceadóir stop a chur leis
so he called to the executioner to halt
Bhí cuma chomh bagrach ar na daoine, go deimhin, gur éirigh an Sultán as
The people, indeed, looked so threatening that the Sultan gave way
agus d'ordaigh sé Aladin gan cheangal
and he ordered Aladdin to be unbound
thug sé pardún dó i bhfianaise an tslua
he pardoned him in the sight of the crowd
D'impigh Aladin anois go raibh a fhios aige cad a bhí déanta aige

Aladdin now begged to know what he had done
"Wretch Bréagach!" arsa an Sultán, "téigh ann"
"False wretch!" said the Sultan, "come thither"
thaispeáin sé dó ón bhfuinneog an áit a raibh a phálás ina sheasamh
he showed him from the window the place where his palace had stood
Bhí an oiread sin iontais ar Aladin nach bhféadfadh sé focal a rá
Aladdin was so amazed that he could not say a word
"Cá bhfuil mo phálás agus m'iníon?" d'éiligh an Sultan
"Where are my palace and my daughter?" demanded the Sultan
"Ar son an pháláis nílim chomh buartha sin"
"For the palace I am not so deeply concerned"
"ach caithfidh m'iníon a bheith agam"
"but my daughter I must have"
"agus caithfidh tú í a fháil, nó do cheann a chailleadh"
"and you must find her, or lose your head"
D'impigh Aladin go dtabharfaí daichead lá di í a aimsiú
Aladdin begged to be granted forty days in which to find her
gheall sé dá dteipfeadh air go bhfillfeadh sé
he promised that if he failed he would return
agus ar fhilleadh dó gheobhadh sé bás ar thoil an tSultáin
and on his return he would suffer death at the Sultan's pleasure
Dheonaigh an Sultan a phaidir
His prayer was granted by the Sultan
agus d'imthigh go brónach ó láthair an tSultáin
and he went forth sadly from the Sultan's presence
Ar feadh trí lá chuaigh sé thart ar nós madman
For three days he wandered about like a madman
d'fhiafraigh sé de gach duine cad a tháinig chun cinn dá phálás
he asked everyone what had become of his palace
ach rinne siad gáire agus trua leis
but they only laughed and pitied him

Tháinig sé go bruach abhann
He came to the banks of a river
chuaigh sé ar a ghluin chun a chuid paidreacha a rá sular chaith sé é féin isteach
he knelt down to say his prayers before throwing himself in
Agus é sin á dhéanamh aige chuimil sé an fáinne draíochta a bhí á chaitheamh aige fós
In so doing he rubbed the magic ring he still wore
Bhí an chuma ar an genie a bhí feicthe aige san uaimh
The genie he had seen in the cave appeared
agus d'fhiafruigh sé dhe cad é an toil a bhí aige
and he asked him what his will was
"Sábháil mo shaol, genie," a dúirt Aladdin
"Save my life, genie," said Aladdin
"Tabhair ar ais mo phálás"
"bring my palace back"
"Níl sé sin i mo chumhacht," a dúirt an genie
"That is not in my power," said the genie
"Níl ionam ach Sclábhaí an Fháinne"
"I am only the Slave of the Ring"
"Caithfidh tú an lampa draíochta a iarraidh air"
"you must ask him for the magic lamp"
"D'fhéadfadh sé sin a bheith fíor," a dúirt Aladdin
"that might be true," said Aladdin
"Ach is féidir leat mé a thabhairt go dtí an Pálás"
"but thou canst take me to the palace"
"Leag síos mé faoi fhuinneog mo daor bhean"
"set me down under my dear wife's window"
Fuair sé é féin san Afraic láithreach
He at once found himself in Africa
bhí sé faoi fhuinneog an Bhanphrionsa
he was under the window of the Princess
agus thit sé ina chodladh as an tuirse iomlán
and he fell asleep out of sheer weariness
Bhí sé dúisithe ag canadh na n-éan
He was awakened by the singing of the birds
agus bhí a chroí níos éadroime ná mar a bhí sé roimhe seo

and his heart was lighter than it was before
Chonaic sé go raibh a chuid misfortune ar fad mar gheall ar cailleadh an lampa draíochta
He saw that all his misfortunes were due to the loss of the magic lamp
agus ní raibh a fhios aige cé air a robáil a lampa draíochta dó
and he vainly wondered who had robbed him of his magic lamp
An mhaidin sin d'éirigh an Banphrionsa níos luaithe ná mar is gnách
That morning the Princess rose earlier than she normally
uair amháin sa lá bhí uirthi go mairfidh an chuideachta magicians
once a day she was forced to endure the magicians company
Chaith sí go han-dian leis, áfach
She, however, treated him very harshly
mar sin ní raibh sé dar leis maireachtáil léi sa phálás
so he dared not live with her in the palace
Agus í ag gléasadh, d'fhéach duine dá mná amach agus chonaic sí Aladin
As she was dressing, one of her women looked out and saw Aladdin
Rith an Banphrionsa agus d'oscail an fhuinneog
The Princess ran and opened the window
ag an torann a rinne sí d'fhéach Aladin suas
at the noise she made Aladdin looked up
Ghlaoigh sí air teacht chuici
She called to him to come to her
ba mhór an t-áthas do na leannáin a chéile a fheiceáil arís
it was a great joy for the lovers to see each other again
Tar éis dó í a phóg dúirt Aladin:
After he had kissed her Aladdin said:
"Impím ort, a Bhanphrionsa, in ainm Dé"
"I beg of you, Princess, in God's name"
"Sula labhraímid ar aon rud eile"
"before we speak of anything else"
"ar do shon féin agus mo shonsa"

"for your own sake and mine"
"Innis dom cad a tháinig ar an sean lampa"
"tell me what has become of the old lamp"
"D'fhág mé an lampa ar an choirnice sa halla de cheithre fhuinneog is fiche"
"I left the lamp on the cornice in the hall of four-and-twenty windows"
"Ara!" ar sise, "Is mise cúis neamhchiontach ár bróin"
"Alas!" she said, "I am the innocent cause of our sorrows"
agus d'inis sí dó ar mhalartú an lampa draíochta
and she told him of the exchange of the magic lamp
"Anois tá a fhios agam," adeir Aladdin
"Now I know," cried Aladdin
"Ní mór dúinn buíochas a ghabháil leis an magician as seo!"
"we have to thank the magician for this!"
"Cá bhfuil an lampa draíochta?"
"Where is the magic lamp?"
"Iompar sé an lampa leis," a dúirt an Banphrionsa
"He carries the lamp about with him," said the Princess
"Tá a fhios agam go n-iompraíonn sé an lampa leis"
"I know he carries the lamp with him"
"mar tharraing sé an lampa as a phóca chíche a thaispeáint dom"
"because he pulled the lamp out of his breast pocket to show me"
"agus ba mhaith leis dom mo chreideamh a bhriseadh leat agus é a phósadh"
"and he wishes me to break my faith with you and marry him"
"agus dúirt sé go raibh tú dícheannaithe ag ordú m'athar"
"and he said you were beheaded by my father's command"
"Bíonn sé breoite ort i gcónaí"
"He is always speaking ill of you"
"ach ní freagraim ach le mo dheora"
"but I only reply with my tears"
"Más féidir liom leanúint ar aghaidh, níl amhras orm"
"If I can persist, I doubt not"
"ach úsáidfidh sé foréigean"

"but he will use violence"
Chuir Aladin sólás ar a bhean chéile
Aladdin comforted his wife
agus d'fhág sé í ar feadh tamaill
and he left her for a while
D'athraigh sé éadaí leis an gcéad duine ar bhuail sé leis ar an mbaile
He changed clothes with the first person he met in town
agus tar éis dó púdar áirithe a cheannach, d'fhill sé ar an mBanphrionsa
and having bought a certain powder, he returned to the Princess
lig an Banphrionsa isteach trí dhoras beag é
the Princess let him in by a little side door
"Cuir ort do chulaith is áille," ar seisean léi
"Put on your most beautiful dress," he said to her
"faigh an magician le gáire inniu"
"receive the magician with smiles today"
"treoraigh dó a chreidiúint go bhfuil dearmad déanta agat orm"
"lead him to believe that you have forgotten me"
"Tabhair cuireadh dó suipéar leat"
"Invite him to sup with you"
"agus abair leis gur mian leat fíon a thíre a bhlaiseadh"
"and tell him you wish to taste the wine of his country"
"Beidh sé imithe ar feadh tamaill"
"He will be gone for some time"
"Agus é imithe inseoidh mé duit cad atá le déanamh"
"while he is gone I will tell you what to do"
D'éist sí go cúramach le Aladdin
She listened carefully to Aladdin
agus nuair a d'imigh sé chuir sí í féin in eagar go hálainn
and when he left she arrayed herself beautifully
ní raibh sí gléasta mar seo ó d'fhág sí a cathair
she hadn't dressed like this since she had left her city
Chuir sí crios agus ceannbheart diamaint uirthi
She put on a girdle and head-dress of diamonds

bhí sí níos áille ná riamh
she was more beautiful than ever
agus fuair sí an magician le gáire
and she received the magician with a smile
"Tá m'intinn déanta suas agam go bhfuil Aladin marbh"
"I have made up my mind that Aladdin is dead"
"Ní thabharfaidh mo dheora ar ais chugam é"
"my tears will not bring him back to me"
"mar sin tá rún agam gan a bheith ag caoineadh níos mó"
"so I am resolved to mourn no more"
"Dá bhrí sin tugaim cuireadh duit do shuí liom"
"therefore I invite you to sup with me"
"ach tá mé tuirseach de na fíonta atá againn"
"but I am tired of the wines we have"
"Ba mhaith liom fíonta na hAfraice a bhlaiseadh"
"I would like to taste the wines of Africa"
Rith an magician go dtí a cellar
The magician ran to his cellar
agus chuir an Banphrionsa an púdar a thug Aladin di ina chupán
and the Princess put the powder Aladdin had given her in her cup
Nuair a d'fhill sé d'iarr sí air deoch chun a sláinte
When he returned she asked him to drink to her health
agus thug sí a cupán dó mar mhalairt ar a chuid
and she handed him her cup in exchange for his
rinneadh é seo mar chomhartha chun a thaispeáint go raibh sí réitithe leis
this was done as a sign to show she was reconciled to him
Sular ól an draoi a rinne sí óráid
Before drinking the magician made her a speech
theastaigh uaidh a áilleacht a mholadh
he wanted to praise her beauty
ach ghearr an Banphrionsa gearr air
but the Princess cut him short
"Lig dúinn deoch ar dtús"
"Let us drink first"

"**agus déarfaidh tú cad a dhéanfaidh tú ina dhiaidh sin**"
"and you shall say what you will afterwards"
Leag sí a cupán ar a liopaí agus choinnigh sí ann é
She set her cup to her lips and kept it there
taosc an draoi a chupán chuig na dreigí
the magician drained his cup to the dregs
agus ar chríochnú a dheoch thit sé ar ais gan bheatha
and upon finishing his drink he fell back lifeless
Ansin d'oscail an Banphrionsa an doras d'Aladdin
The Princess then opened the door to Aladdin
agus flung sí a lámha thart ar a mhuineál
and she flung her arms round his neck
ach d'iarr Aladdin uirthi é a fhágáil
but Aladdin asked her to leave him
bhí níos mó fós le déanamh
there was still more to be done
Chuaigh sé ansin go dtí an magician marbh
He then went to the dead magician
agus thóg sé an lampa as a dhílsiú
and he took the lamp out of his vest
d'iarr sé ar an genie an Pálás a iompar ar ais
he bade the genie to carry the palace back
níor mhothaigh an Banphrionsa ina seomra ach dhá shuaitheadh beag
the Princess in her chamber only felt two little shocks
i mbeagán ama bhí sí sa bhaile arís
in little time she was at home again
Bhí an Sultan ina shuí ar a bhalcóin
The Sultan was sitting on his balcony
bhí sé ag caoineadh a iníon caillte
he was mourning for his lost daughter
d'fhéach sé suas agus b'éigean dó a shúile a chuimilt arís
he looked up and had to rub his eyes again
sheas an pálás ann mar a bhí roimhe
the palace stood there as it had before
Rinne sé deifir anonn go dtí an pálás chun a iníon a fheiceáil
He hastened over to the palace to see his daughter

Fuair Aladdin é i halla an pháláis
Aladdin received him in the hall of the palace
agus bhí an banphrionsa ar a thaobh
and the princess was at his side
D'inis Aladin dó cad a tharla
Aladdin told him what had happened
agus thaisbeáin sé corp marbh an draoi dó
and he showed him the dead body of the magician
ionas go gcreidfeadh an Sultán é
so that the Sultan would believe him
Fógraíodh féasta deich lá
A ten days' feast was proclaimed
agus bhí an chuma ar an scéal go mb'fhéidir go mairfeadh Aladdin an chuid eile dá shaol faoi shíocháin
and it seemed as if Aladdin might now live the rest of his life in peace
ach ní raibh a shaol le bheith chomh síochánta agus a bhí súil aige
but his life was not to be as peaceful as he had hoped
Bhí deartháir níos óige ag an draoi hAfraice
The African magician had a younger brother
b'fhéidir go raibh sé níos mó trua agus cunning ná a dheartháir
he was maybe even more wicked and cunning than his brother
Thaistil sé go Aladin chun bás a dheartháir a dhíobháil
He travelled to Aladdin to avenge his brother's death
chuaigh sé chun cuairt a thabhairt ar bhean phianmhar darbh ainm Fatima
he went to visit a pious woman called Fatima
cheap sé go mb'fhéidir go mbeadh sí úsáideach dó
he thought she might be of use to him
Chuaigh sé isteach ina cill agus chuir sé miodóg ar a cíche
He entered her cell and put a dagger to her breast
ansin dúirt sé léi éirí agus a chuid tairiscint a dhéanamh
then he told her to rise and do his bidding
agus mura ndéanfadh sí dubhairt sé go maródh sé í

and if she didn't he said he would kill her
D'athraigh sé a chuid éadaí léi
He changed his clothes with her
agus dhathaigh sé a aghaidh mar a chéile
and he coloured his face like hers
chuir sé air a veil ionas go raibh sé díreach cosúil léi
he put on her veil so that he looked just like her
agus ar deireadh mharaigh sé í in ainneoin a chomhlíonadh
and finally he murdered her despite her compliance
ionas nach bhféadfadh sí aon scéalta a insint
so that she could tell no tales
Ansin chuaigh sé i dtreo an Pálás de Aladdin
Then he went towards the palace of Aladdin
cheap na daoine go léir gurbh í an bhean naofa é
all the people thought he was the holy woman
bhailigh siad timpeall air chun a lámha a phógadh
they gathered round him to kiss his hands
agus d'iarr siad a bheannacht
and they begged for his blessing
Nuair a shroich sé an pálás bhí corradh mór ina thimpeall
When he got to the palace there was a great commotion around him
bhí an banphrionsa ag iarraidh a fháil amach cad a bhí i gceist leis an torann go léir
the princess wanted to know what all the noise was about
mar sin d'iarr sí ar a seirbhíseach breathnú amach an fhuinneog
so she bade her servant to look out of the window
agus d'fhiafraigh a seirbhíseach cad é an torann a bhí ann
and her servant asked what the noise was all about
fuair sí amach gurbh í an bhean naofa ba chúis leis an uafás
she found out it was the holy woman causing the commotion
bhí sí ag leigheas ar a gcuid tinnis trí theannadh leo
she was curing people of their ailments by touching them
bhí fonn ar an mBanphrionsa Fatima a fheiceáil le fada
the Princess had long desired to see Fatima
mar sin fuair sí a seirbhíseach a iarraidh isteach sa phálás

so she got her servant to ask her into the palace
agus ghlac Fatima bréagach leis an tairiscint isteach sa phálás
and the false Fatima accepted the offer into the palace
d'ofráil an draoi paidir ar son a sláinte agus a rathúnas
the magician offered up a prayer for her health and prosperity
chuir an Banphrionsa air suí in aice léi
the Princess made him sit by her
agus d'impigh sí air fanacht léi
and she begged him to stay with her
Ní raibh aon rud níos fearr ag teastáil ón Fatima bréagach
The false Fatima wished for nothing better
agus thoiligh sí le toil na banphrionsa
and she consented to the princess' wish
ach choinnigh sé a veil síos
but he kept his veil down
mar bhí a fhios aige go bhfaighfí amach ar shlí eile é
because he knew that he would be discovered otherwise
Thaispeáin an Banphrionsa an halla dó
The Princess showed him the hall
agus d'iarr sí air cad a cheap sé ar an halla
and she asked him what he thought of the hall
"Is halla fíor-álainn é," a dúirt an Fatima bréagach
"It is a truly beautiful hall," said the false Fatima
"Ach i m'intinn tá rud amháin fós ag teastáil ó do phálás"
"but in my mind your palace still wants one thing"
"Agus cad é go bhfuil mo phálás ar iarraidh?" a d'fhiafraigh an Banphrionsa
"And what is it that my palace is missing?" asked the Princess
"Dá mbeadh ach ubh Roc ar crochadh suas ó lár an chruinneacháin seo"
"If only a Roc's egg were hung up from the middle of this dome"
"Ansin bheadh do phálás a bheith ar an iontas an domhain," a dúirt sé
"then your palace would be the wonder of the world," he said
Ina dhiaidh sin ní fhéadfadh an Banphrionsa smaoineamh

ar rud ar bith ach ubh an Roc
After this the Princess could think of nothing but the Roc's egg
nuair a d'fhill Aladin ón bhfiach fuair sé greann an-tinn uirthi
when Aladdin returned from hunting he found her in a very ill humour
D'impigh sé go raibh a fhios aige cad a bhí amiss
He begged to know what was amiss
agus d'innis sí dó cad a bhí millte aici
and she told him what had spoiled her pleasure
"Tá mé truagh mar gheall ar easpa ubh Roc"
"I'm made miserable for the want of a Roc's egg"
"Más é sin atá uait beidh áthas ort gan mhoill," d'fhreagair Aladin
"If that is all you want you shall soon be happy," replied Aladdin
d'fhág sé í agus chuimil sé an lampa
he left her and rubbed the lamp
nuair a tháinig an fathach d'ordaigh sé ubh Roc a thabhairt leis
when the genie appeared he commanded him to bring a Roc's egg
Thug an genie a leithéid de shriek ard agus uafásach gur chroith an halla
The genie gave such a loud and terrible shriek that the hall shook
"Wretch!" adeir sé, "nach leor go bhfuil gach rud déanta agam duit?"
"Wretch!" he cried, "is it not enough that I have done everything for you?"
"Ach anois ordaíonn tú dom mo mháistir a thabhairt"
"but now you command me to bring my master"
"agus ba mhaith leat mé a chrochadh suas i lár an cruinneachán seo"
"and you want me to hang him up in the midst of this dome"
"Tá tú féin agus do bhean agus do phálás tuillte go luaithreach"

"You and your wife and your palace deserve to be burnt to ashes"
"ach ní uaitse a thagann an iarraidh seo"
"but this request does not come from you"
"Tagann an t-éileamh ó dheartháir an draíodóir"
"the demand comes from the brother of the magician"
"an draoi a scrios tú"
"the magician whom you have destroyed"
"Tá sé anois i do phálás faoi cheilt a dhéanamh mar an bhean naofa"
"He is now in your palace disguised as the holy woman"
"an bhean fíor naofa a dhúnmharaigh sé cheana féin"
"the real holy woman he has already murdered"
"b'é an té a chuir an mian sin i gceann do mhnaoi"
"it was him who put that wish into your wife's head"
"Tabhair aire díot féin, óir ciallaíonn sé thú a mharú"
"Take care of yourself, for he means to kill you"
Agus é seo á rá, d'imigh an genie
upon saying this, the genie disappeared
Chuaigh Aladin ar ais go dtí an Banphrionsa
Aladdin went back to the Princess
dúirt sé léi go raibh pian ar a cheann
he told her that his head ached
mar sin d'iarr sí ar an Naofa Fatima a thabhairt
so she requested the holy Fatima to be fetched
d'fhéadfadh sí a lámha a leagan ar a cheann
she could lay her hands on his head
agus bheadh a headache a leigheas ag a cumhachtaí
and his headache would be cured by her powers
nuair a tháinig an magician in aice Aladdin ghabh sé a miodóg
when the magician came near Aladdin seized his dagger
agus polladh sé é ina chroí
and he pierced him in the heart
"Cad atá déanta agat?" adeir an Banphrionsa
"What have you done?" cried the Princess
"Tá tú maraíodh an bhean naofa!"

"You have killed the holy woman!"
"Níl sé amhlaidh," d'fhreagair Aladdin
"It is not so," replied Aladdin
"Mharaigh mé draoi olc"
"I have killed a wicked magician"
agus d'innis sé di mar a bhí sí meallta
and he told her of how she had been deceived
Ina dhiaidh seo bhí Aladdin agus a bhean chéile ina gcónaí i síocháin
After this Aladdin and his wife lived in peace
Tháinig sé i gcomharbacht ar an Sultán nuair a fuair sé bás
He succeeded the Sultan when he died
bhí sé i gceannas ar an ríocht ar feadh blianta fada
he reigned over the kingdom for many years
agus d'fhág sé ina dhiaidh sin lineage fada de ríthe
and he left behind him a long lineage of kings

An Deireadh
The End

www.tranzlaty.com

www.ingramcontent.com/pod-product-compliance
Lightning Source LLC
Chambersburg PA
CBHW012009090526
44590CB00026B/3947